イメージから選べる
編み込み図案&配色 パターンブック

ザ・ハレーションズ 著／小鳥山いん子 監修

エムディエヌコーポレーション

はじめに

本書は編み物の編み込み図案と配色を組み合わせたパターン集です。
6つのカラーイメージに分け、127の図案と配色を提案しています。

特徴のひとつが
同じ図案でかぎ針編みと棒針編みのスワッチを載せていること。
そもそも編み地が違うわけですが、棒針で編んだものに比べ
かぎ針で編んだものの方が少し図案が縦長になったり
模様が少し斜めに見えるなど、おもしろい発見がありました。
かぎ針派にも棒針派にも楽しんでいただけると思います。

もうひとつの特徴が、掲載の図案と配色は、別々に組み合わせられること。
この図案は好きだけど、この色は好きではない……というケースはよくあります。
そこは自由にシャッフルして自分好みにアレンジしてください。

また図案は、幾何学模様をベースにした規則的な模様から
動物や植物を表現した不規則な模様までさまざま。
小さな模様から大きな模様まで揃っているので
1種類でも、何種類かを組み合わせてみるのもおすすめです。

編むうちに模様になっていく、色が変わると雰囲気もガラッと変わる
そんな編み込みならではのおもしろさを楽しんでください。

ザ・ハレーションズ

CONTENTS

- 06 本書の使い方
- 07 6つのイメージカラーと127の配色パターン
- 10 図案と色をシャッフルして楽しむ
- 12 図案の配色を変えて楽しむ

- 36 ITEM1　ネコ模様のトートバッグ
- 90 作り方
- 58 ITEM2　エスニック風ニット帽
- 92 作り方
- 80 ITEM3　2WAY仕様のスヌード
- 94 作り方

- 82 How to make　かぎ針編みの編み込み
- 85 How to make　棒針編みの編み込み
- 89 使用する道具と材料

- 16 *Happy color* ハッピーカラー
  NO.1 ～ NO.21

- 26 *Powerful color* パワフルカラー
  NO.22 ～ NO.42

- 38 *Retro color* レトロカラー
  NO.43 ～ NO.63

- 48 *Nuance color* ニュアンスカラー
  NO.64 ～ NO.84

- 60 *Chic color* シックカラー
  NO.85 ～ NO.106

- 70 *Kawaii color* カワイイカラー
  NO.107 ～ NO.127

- 印刷物のため現物と色が異なる場合があります。ご了承ください。
- 糸などの表示内容は2024年8月のものです。
- 掲載のスワッチ（編み地）はスチームアイロンで形を整えています。
- スワッチはハマナカ アメリー、リッチモア パーセントの糸を使用しています。

本書の使い方

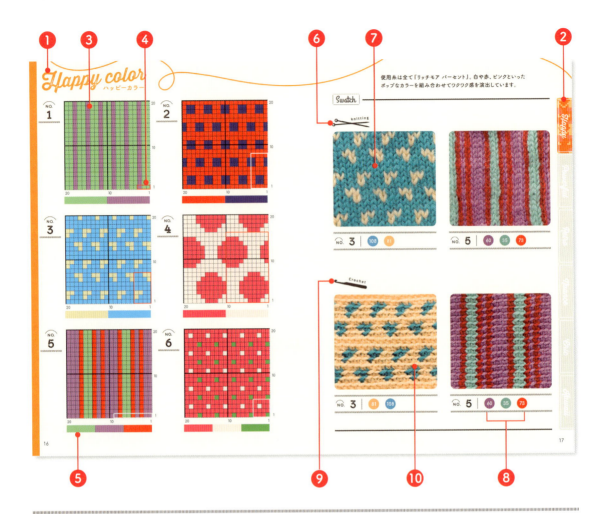

- ① **カラーイメージ**
  P.7のように6つに分類。

- ② **インデックス**
  カラーイメージごとに開くことができる索引。

- ③ **図案**
  編み込み模様の図案。輪編みを前提に、編み記号は省略。棒針編みはすべて表編み、かぎ針編みはこま編みのすじ編み。

- ④ **1模様**
  図案内の赤枠（白枠、黒枠もあり）は、1模様の意味。これを繰り返し編むと模様がずれず、きれいに繋がる。

- ⑤ **カラーバー**
  図案の配色。

- ⑥ **棒針のアイコン**
  棒針で編んだスワッチ。

- ⑦ **スワッチ（編み地）**
  棒針で編んだスワッチの写真。

- ⑧ **スワッチを編んだ糸の色番号**
  スワッチの使用糸は、ハマナカ アメリーとリッチモア パーセント。アメリーは6（6/0）号針で、パーセントは5（5/0）号針を使用。

- ⑨ **かぎ針のアイコン**
  かぎ針で編んだスワッチ。棒針編みに比べ、やや模様が縦長になる。

- ⑩ **スワッチ（編み地）**
  かぎ針で編んだスワッチの写真。

※一つの図案をかぎ針、棒針それぞれで編んでいます。かぎ針はやや模様が縦長になるなど、微妙な編み地の変化が見られます。また一部、地糸と配色糸を入れ替え、印象の違いを提案しています。

6つのカラーイメージと127の配色パターン

本書では6つのイメージカラーに分類し、かぎ針編みと棒針編みのどちらにも使える編み込み図案とその配色を提案しています。図案と配色を別々に捉えると、モチーフ編みや模様編みの配色の参考になったり、クロスステッチ刺繍の図案としても活用できます。手芸に限らず、日常の色合わせのヒントにも。いろいろな楽しみ方を見つけてください。

カラーイメージ	イメージしやすい6つのカテゴリーに分類しています。

ハッピーカラー Happy ▶	白をバランスよく取り入れた、ポップで軽やかで楽しくなる配色。
パワフルカラー Powerful ▶	黒や赤などの強い色にさらに強い色をぶつける、元気でインパクトのある配色。
レトロカラー Retro ▶	強い色とやさしい色を合わせても違和感のない、どこか懐かしさを感じる配色。
ニュアンスカラー Nuance ▶	透明感のあるやさしくてふんわりとした淡い色を組み合わせた配色。
シックカラー Chic ▶	無彩色や茶系をベースに、クールで力強く落ち着いたトーンの配色。
カワイイカラー Kwaii ▶	白や淡い色に明るい色を組み合わせた、ナチュラルでいてかわいい配色。

配色パターン

カラーイメージごとの配色パターンをまとめました。
毛糸選びの参考に。

ハッピーカラー

1
2
3
4
5
6
7
8
9
10
11
12
13
14
15
16
17
18
19
20
21

パワフルカラー

22
23
24
25
26
27
28
29
30
31
32
33
34
35
36
37
38
39
40
41
42

レトロカラー

43
44
45
46
47
48
49
50
51
52
53
54
55
56
57
58
59
60
61
62
63

ニュアンスカラー

64	
65	
66	
67	
68	
69	
70	
71	
72	
73	
74	
75	
76	
77	
78	
79	
80	
81	
82	
83	
84	

シックカラー

85	
86	
87	
88	
89	
90	
91	
92	
93	
94	
95	
96	
97	
98	
99	
100	
101	
102	
103	
104	
105	
106	

カワイイカラー

107	
108	
109	
110	
111	
112	
113	
114	
115	
116	
117	
118	
119	
120	
121	
122	
123	
124	
125	
126	
127	

図案と色をシャッフルして楽しむ

本書では6つのイメージカラーごとに、127の図案と配色を提案しています。この組み合わせに限らず、さまざまな楽しみ方ができるのが本書の特徴。一つの図案を繰り返してテキスタイルのように仕上げたり、いろいろな図案を組み合わせたり、図案と配色をシャッフルしたり。ここでは3つのアレンジ例を紹介します。

地糸と配色糸を入れ替える

本書のスワッチでも提案。地糸と配色糸のボリュームに差がある図案ほど印象が異なって面白い。

3色で模様を組み合わせる

いくつか図案を選び、糸3色（図案によってはうち2色）でそれぞれの図案を配色。たくさんの模様が混ざっても、色を限定するときれいにまとまる。

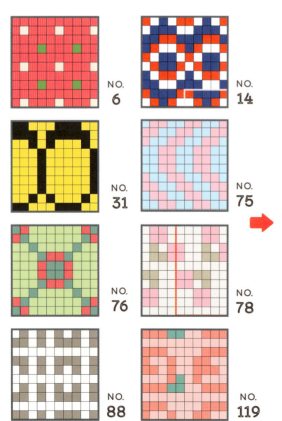

2パターンの配色にする

一つの図案を3色で編み、そのまま別の3色で編む。同じ図案でもユニークな仕上がりになる。

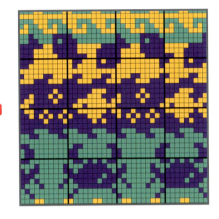

B ここからはパーセントの1（生成り）、73（赤）、59（薄紫）で配色。

- -

A ここまではパーセントの6（黄）、51（濃紫）、108（水色）で配色。

NO. 40

途中で色を入れ替えるパターン。

NO. 21

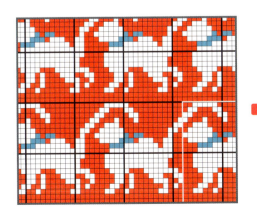

図案の配色を変えて楽しむ

この図案は好きだけど、この配色は好みじゃない……という場合は、自分好みに色を変えましょう。想像だけで配色をするのは難しいので、色を抜いた図案に色を塗ってみたり、お気に入りの図案を書き写し、配色するものおすすめです。図案の一部をピックアップしました。

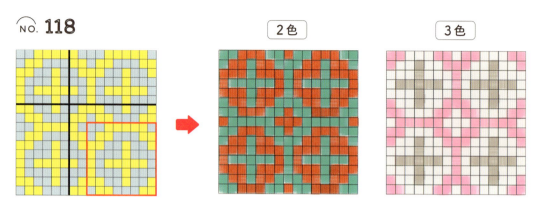

例えばこの図案。2色をガラッと変えたり、3色に増やすこともできます。

好きな色で塗ってみよう

色鉛筆やカラーペンを使って好みの配色にアレンジ！

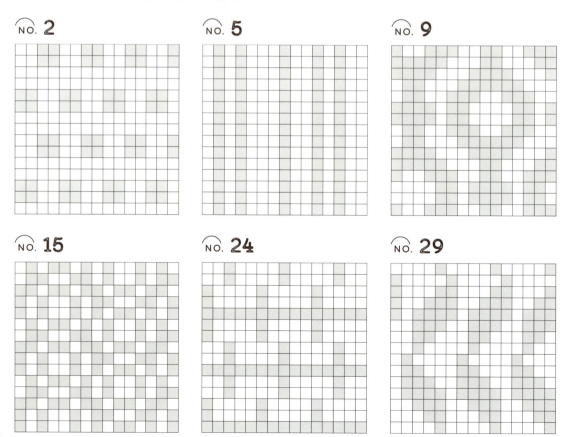

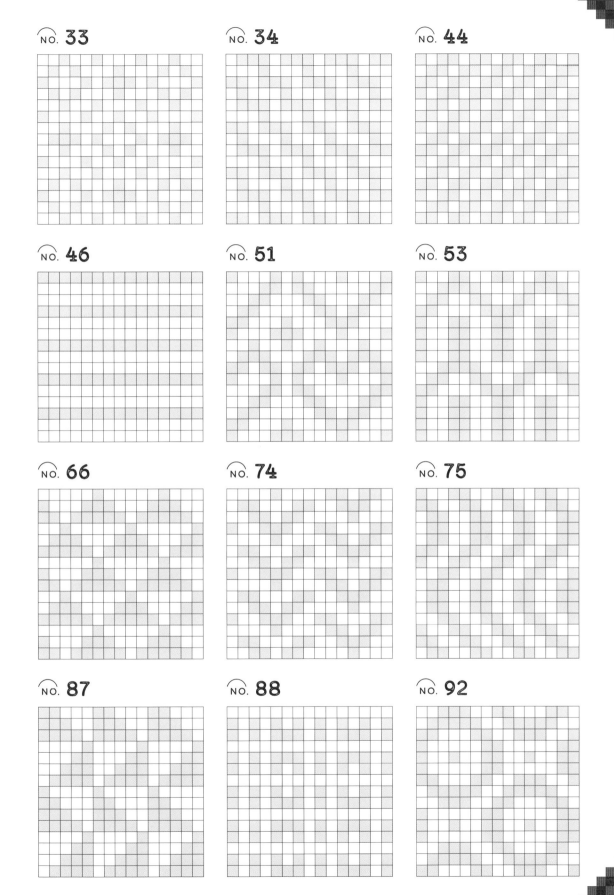

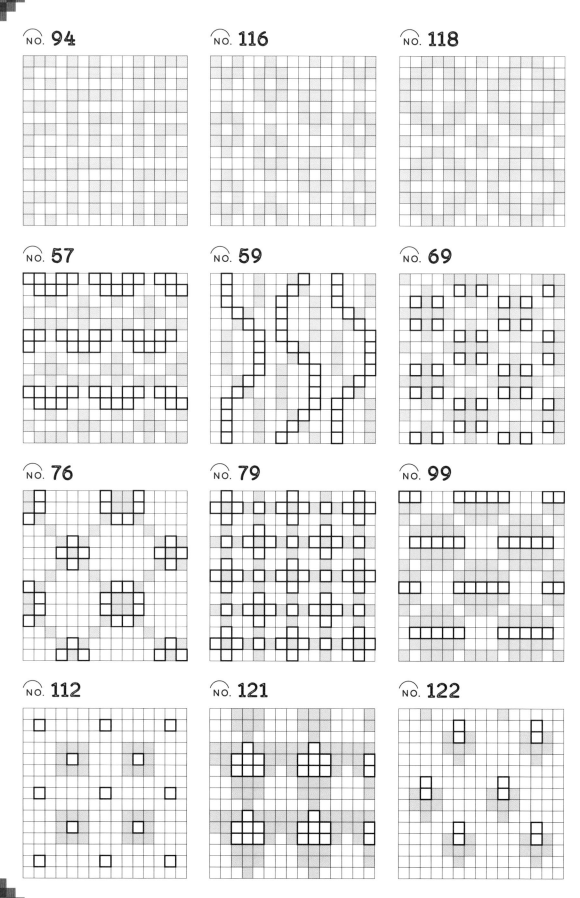

描いて塗ってみよう

図案を書き写したり、オリジナルの図案を作るのも楽しい！

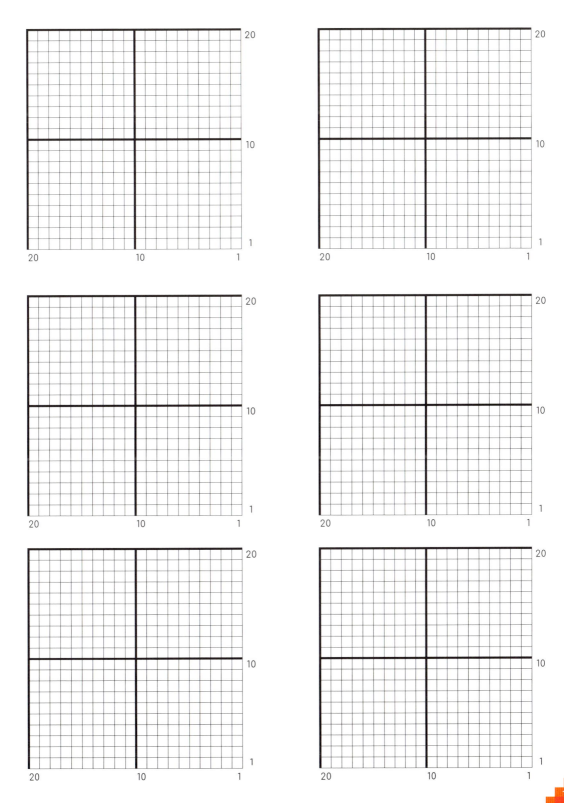

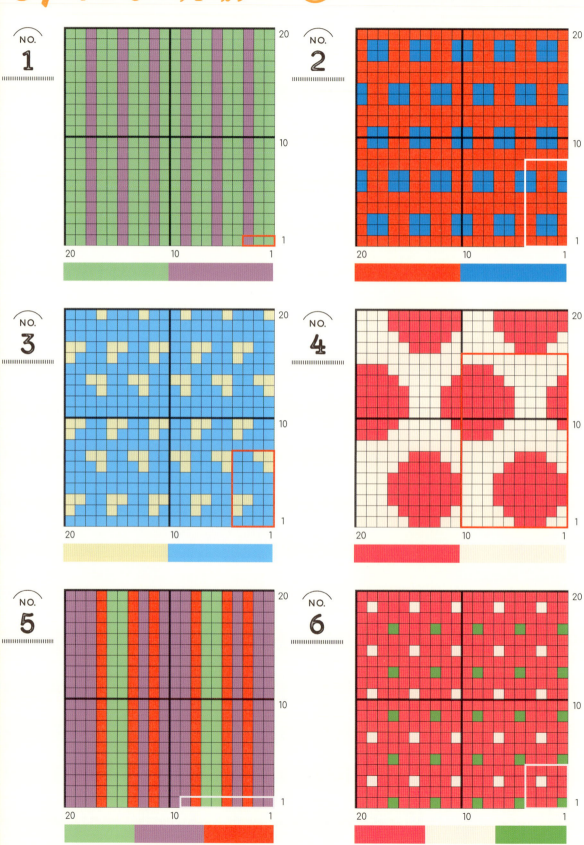

使用糸は全て『リッチモア パーセント』。白や赤、ピンクといったポップなカラーを組み合わせてワクワク感を演出しています。

Swatch

NO. 3 | 108 | 81

NO. 5 | 60 | 35 | 73

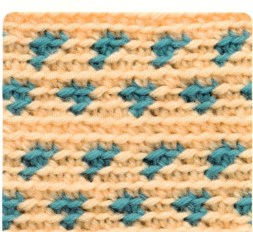

NO. 3 | 81 | 108

NO. 5 | 60 | 35 | 73

Happy color

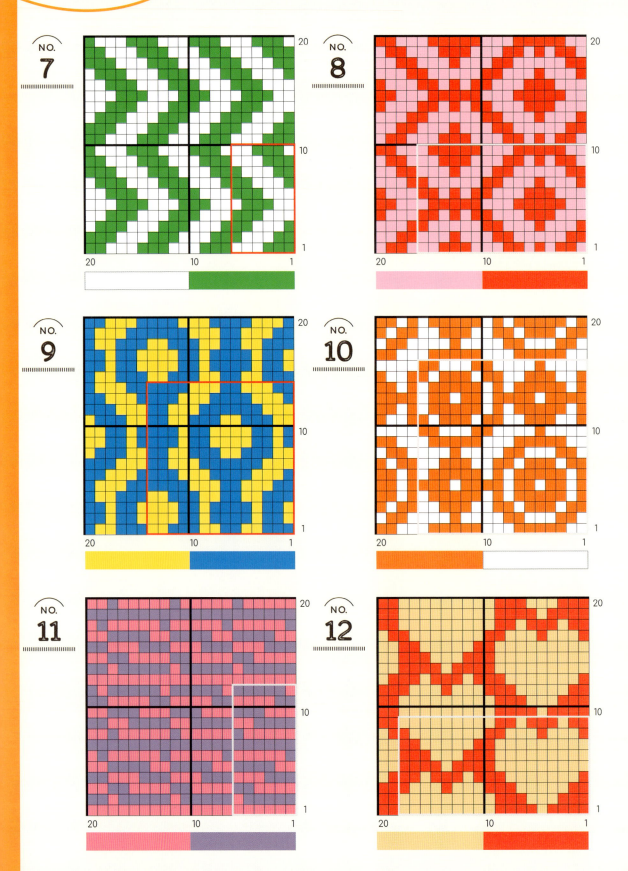

Swatch

NO. **7** | 95 | 109

NO. **12** | 73 | 83

NO. **7** | 95 | 109

NO. **12** | 73 | 83

Happy color

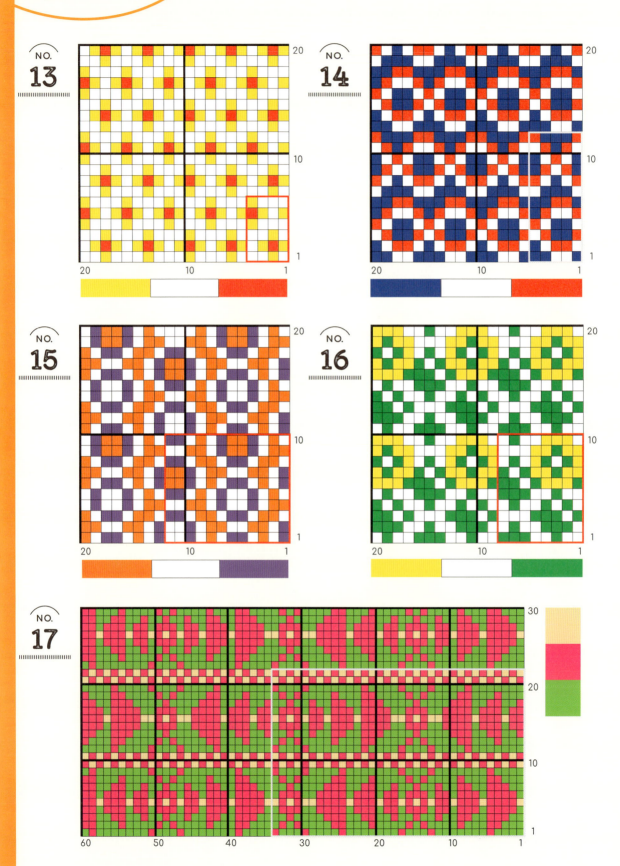

Swatch

knitting

NO. **14** | 43 | 95 | 73

NO. **17** | 109 | 114 | 81

Crochet

NO. **14** | 43 | 95 | 73

NO. **17** | 81 | 109 | 114

21

Happy color

NO. 18

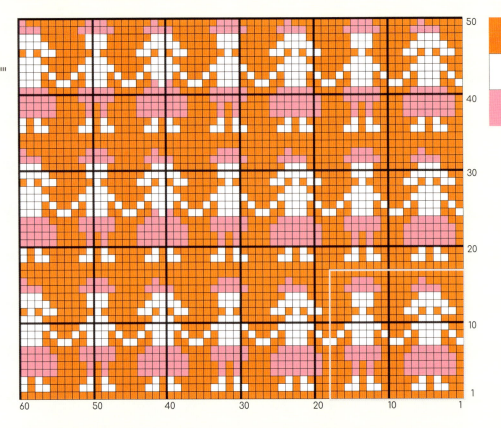

NO. 19

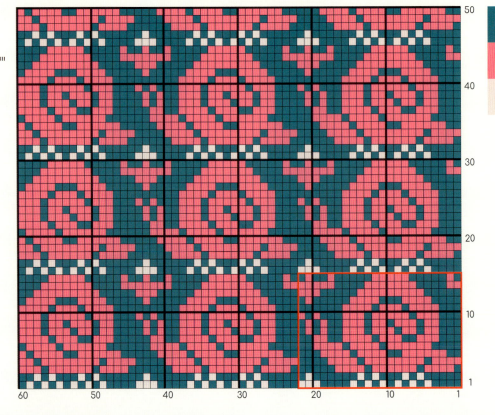

Swatch

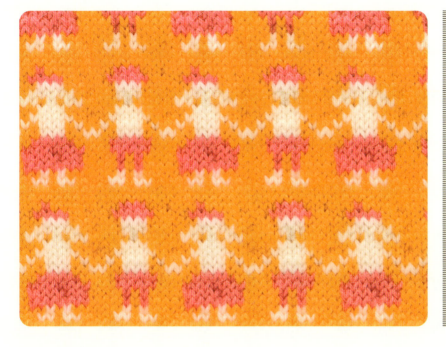

NO.
18

NO.
19

Happy color

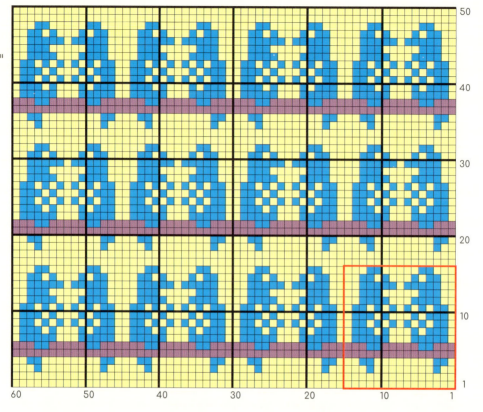

NO. 20

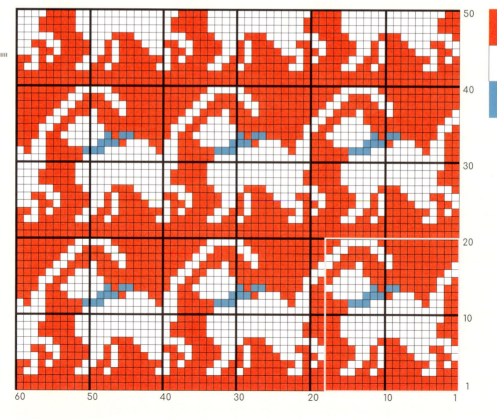

NO. 21

| Swatch |

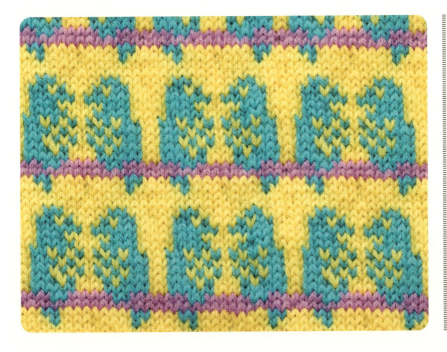

NO.
20

 4
 108
 60

NO.
21

 73
 95
 42

25

Powerful color
パワフルカラー

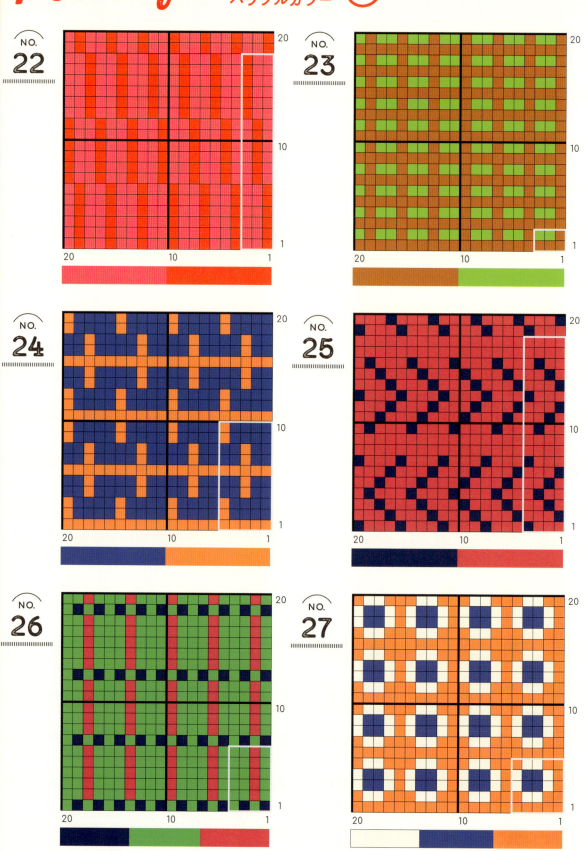

使用糸は全て『リッチモア パーセント』。黒や赤、青といった強めの色を組み合わせたインパクト抜群の配色です。

knitting

NO. 22 | 72 ●

NO. 27 | 86 43 1

Crochet

NO. 22 | 72 ●

NO. 27 | 43 1 86

27

Powerful color

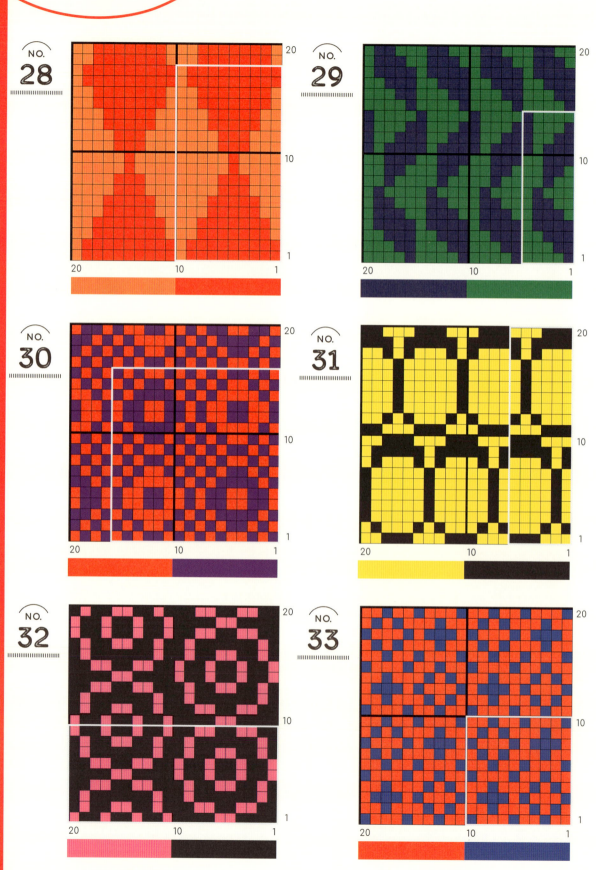

| Swatch |

NO. **30** | 73 | 51

NO. **31** | 101 | 90

NO. **30** | 73 | 51

NO. **31** | 90 | 101

29

Powerful color

Swatch

NO. **35** | 47 | 109 | 95

NO. **38** | 114 | 90 | 108

NO. **35** | 47 | 109 | 95

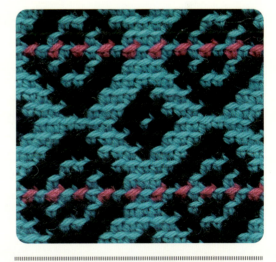

NO. **38** | 108 | 90 | 114

Powerful color

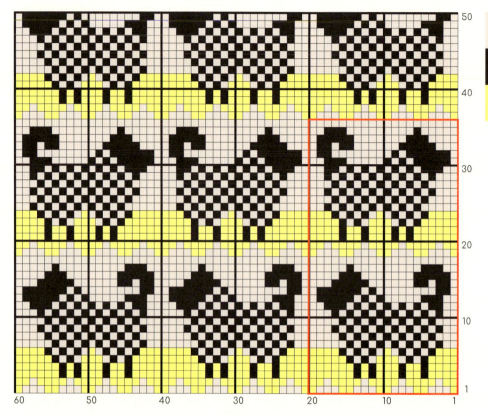

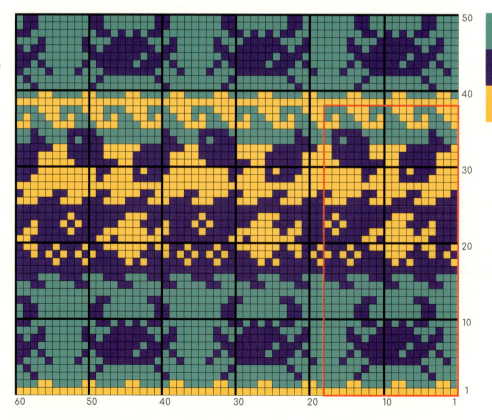

Swatch

NO.
39

 105

 90

4

NO.
40

 108

 51

6

Powerful color

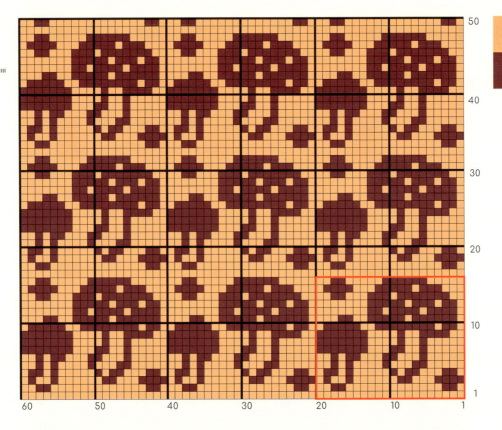

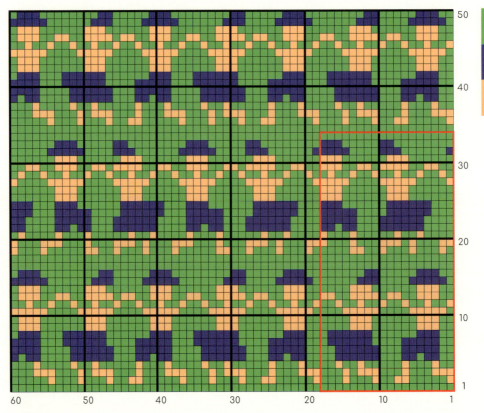

Swatch

knitting

NO. 41

- 81
- 74

Crochet

NO. 42

- 109
- 51
- 81

ITEM 1　ネコ模様のトートバッグ

作り方→ P.90

一つの図案だけで構成したトートバッグ。途中で使っている糸をチェンジすることでより華やかな仕上がりに。A4サイズが入るサイズなので機能性も抜群です。

Design：Inko Kotoriyama
Yarn：ハマナカ アメリー

NO. 21

Retro color レトロカラー

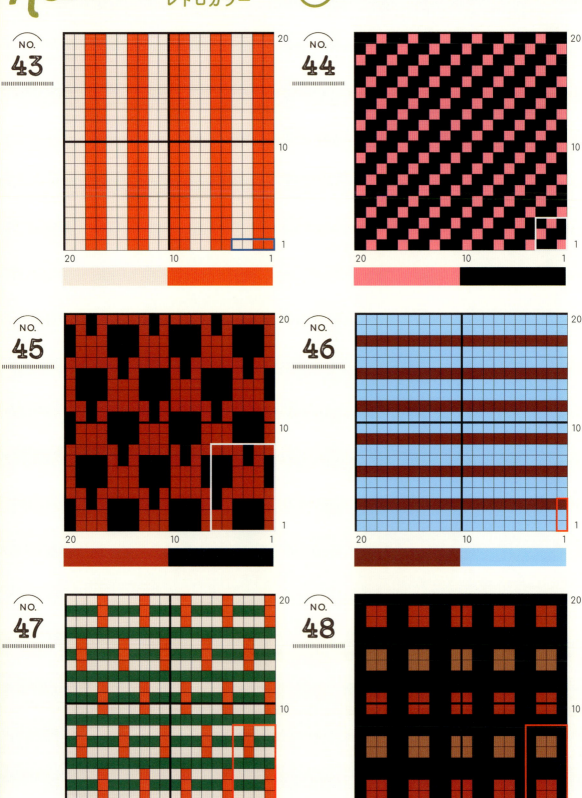

使用糸は全て『ハマナカ アメリー』。茶系や深めの色を組み合わせて昭和レトロ、大正ロマンの雰囲気を表現しています。

Swatch

knitting

NO. **45** | 6 | 53

NO. **47** | 34 | 20 | 55

Crochet

NO. **45** | 53 | 6

NO. **47** | 34 | 20 | 55

Retro color

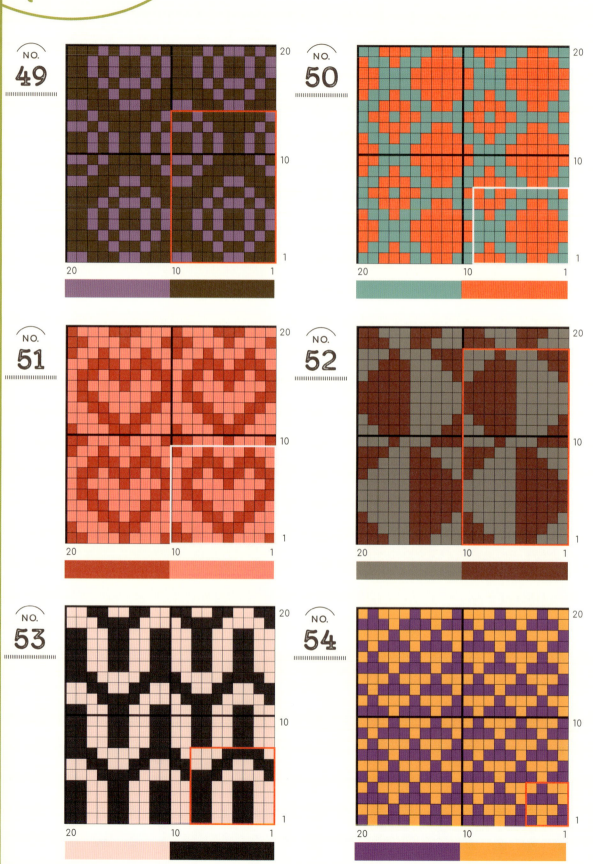

Swatch

 knitting

NO. **51** 7 6

NO. **52** 22 19

 Crochet

NO. **51** 6 7

NO. **52** 22 19

Retro color

Swatch

NO. **56** | 29 | 49 | 3

NO. **59** | 21 | 48 | 50

NO. **56** | 29 | 49 | 3

NO. **59** | 48 | 21 | 50

Retro color

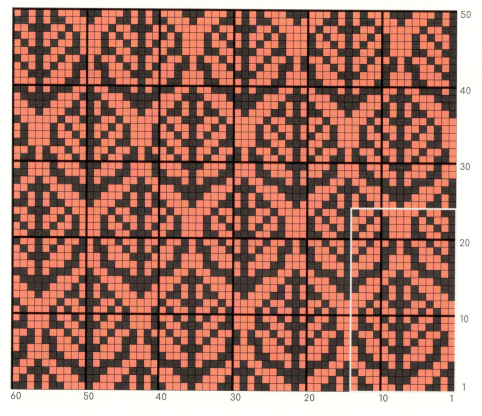

Swatch

NO.
60

27
30

NO.
61

50
28

Retro color

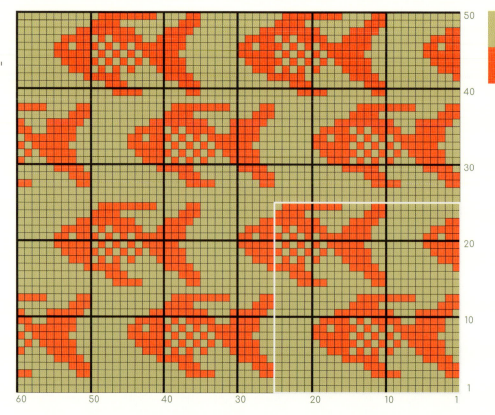

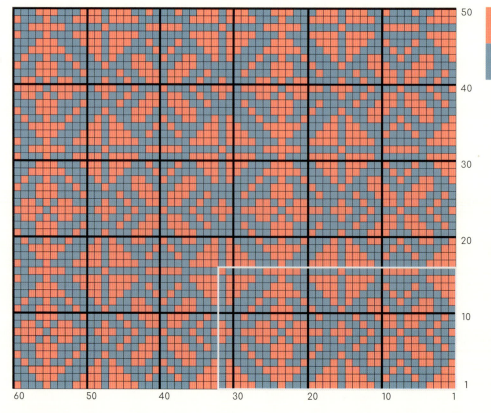

Swatch

 Crochet

NO. **62**

 3
 5

 knitting

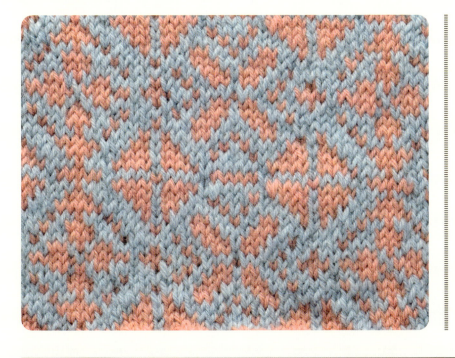

NO. **63**

 27
 29

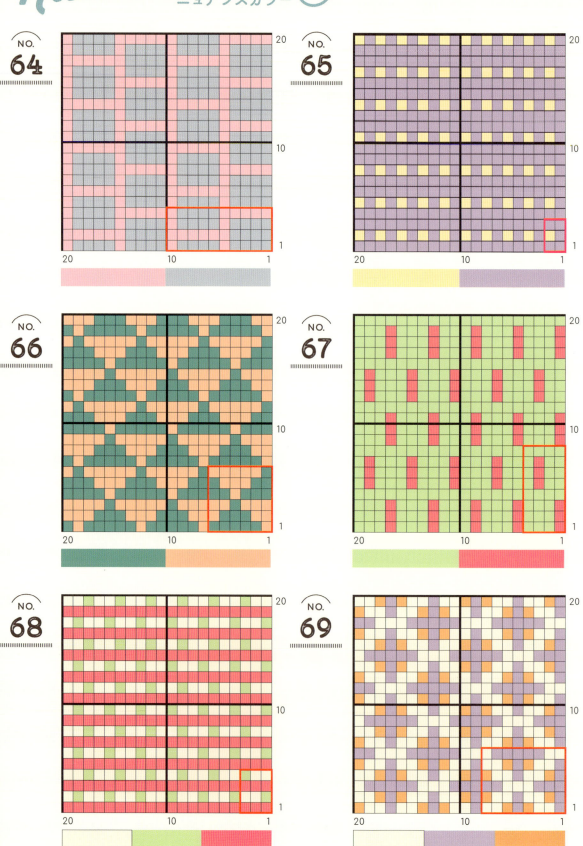

使用糸は全て『リッチモア パーセント』。やさしいふんわりとした
イメージの色を組み合わせた飽きのこないシンプルな配色です。

Swatch

knitting

NO. **64** 121　 68

NO. **69** 2　 56　 81

Crochet

NO. **64** 121　68

NO. **69** 81　 2　 56

Nuance color

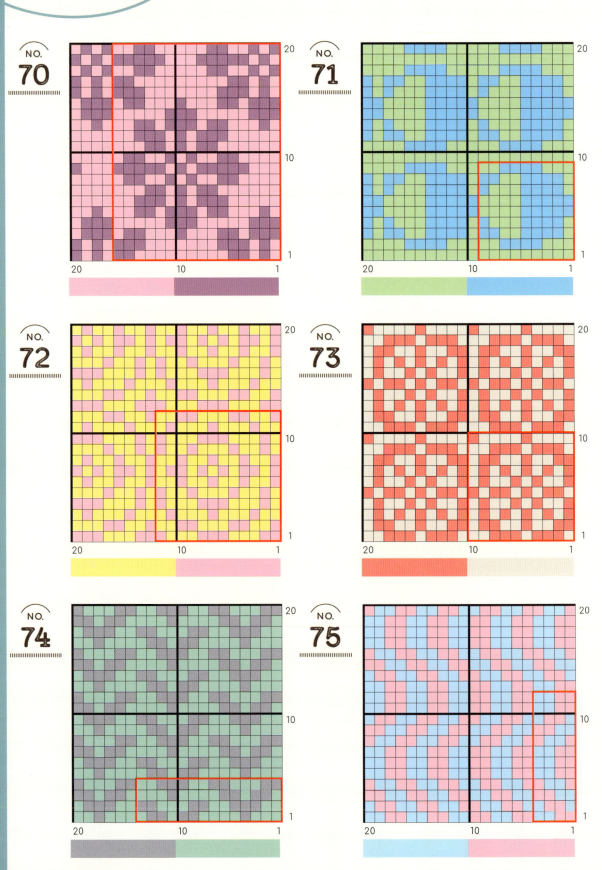

Swatch

NO. **73** | 83 | 79

NO. **75** | 40 | 70

NO. **73** | 79 | 83

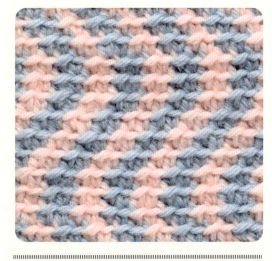

NO. **75** | 40 | 70

Nuance color

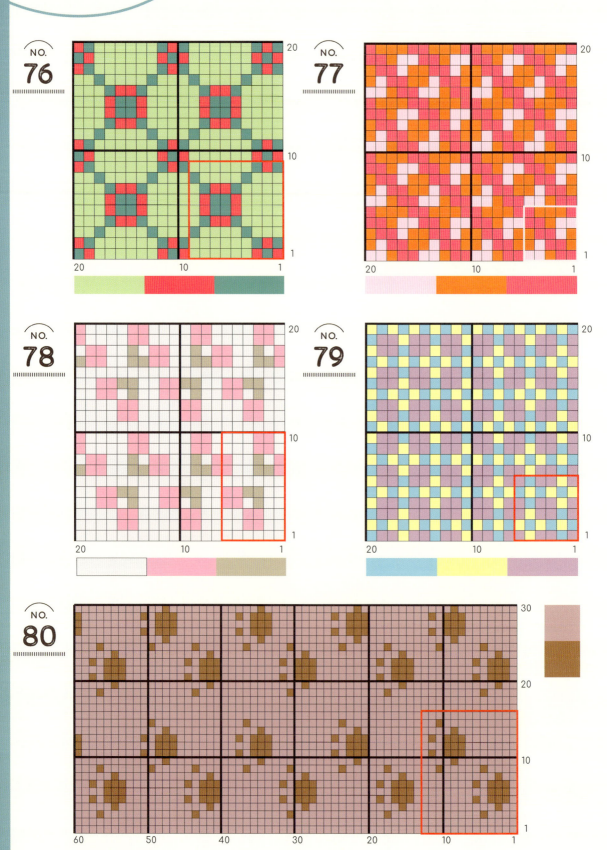

Swatch

knitting

NO. **76** | 36 | 72 | 35

NO. **78** | 1 | 70 | 105

Crochet

NO. **76** | 36 | 72 | 35

NO. **78** | 105 | 1 | 70

Nuance color

NO. 81

NO. 82

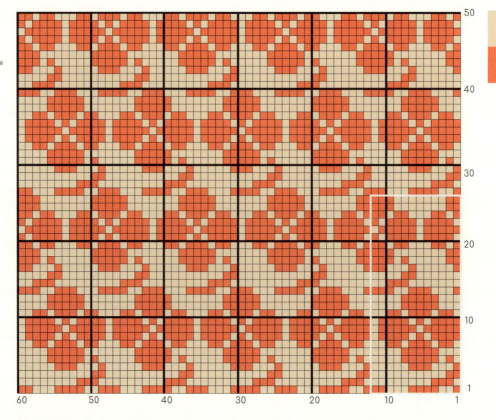

Swatch

NO.
81

 4

 67

 36

NO.
82

 83

 79

55

Nuance color

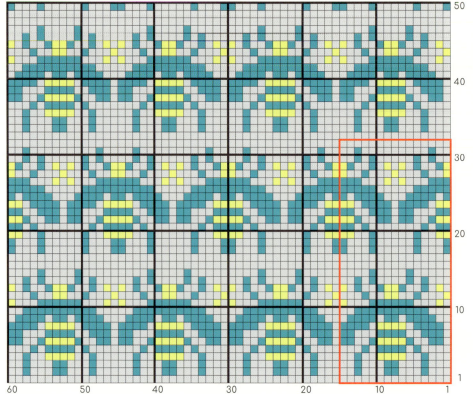

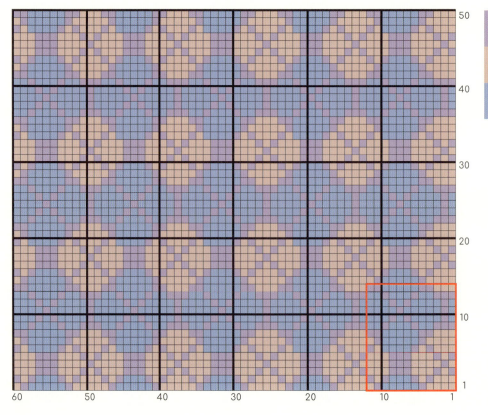

Swatch

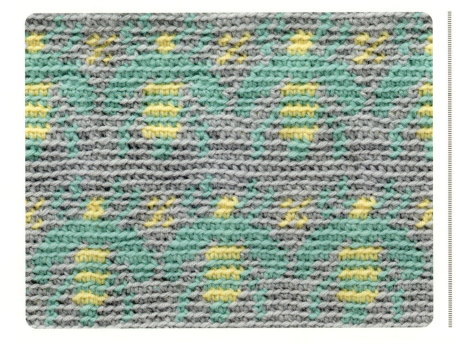

NO.
83

 121
 35
 4

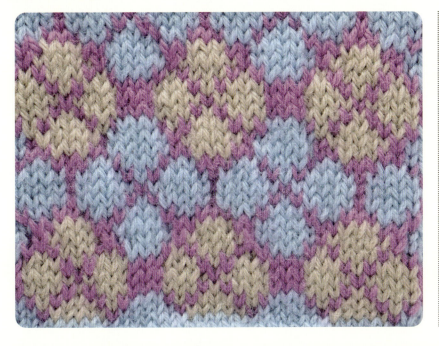

NO.
84

 60
 123
 40

57

ITEM 2　エスニック風ニット帽

作り方→ P.92

減らし目をせず、真っ直ぐ編んで絞るだけの簡単仕様。
エスニック風の模様を組み合わせています。全体の長さはお好みで。

Design：Mie Takechi
Yarn：ハマナカ アメリー

一目ゴム編み
NO. 97
NO. 100
NO. 97
一目ゴム編み

Chic color
シックカラー

NO. 85
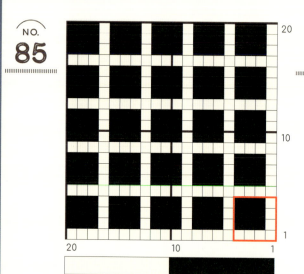

NO. 86
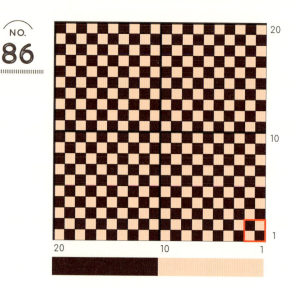

NO. 87
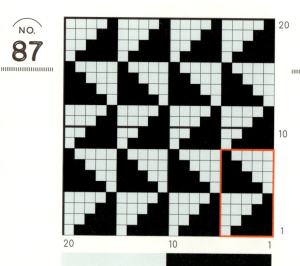

NO. 88
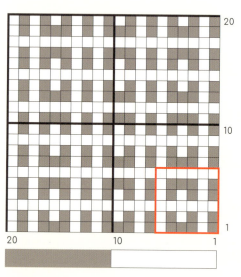

NO. 89
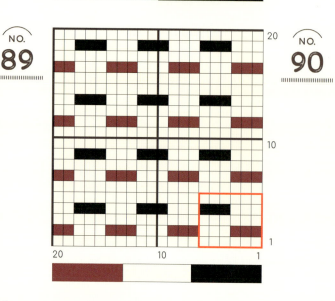

NO. 90
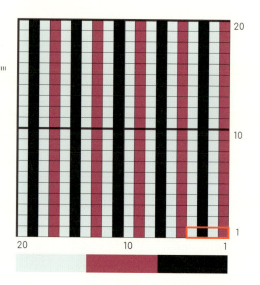

使用糸は全て『ハマナカ アメリー』。無彩色や茶系をベースに、どっしりと重量感のある雰囲気に仕上げています。

Swatch

NO. **87** | 29 | 52

NO. **89** | 20 | 19 | 52

NO. **87** | 29 | 52

NO. **89** | 19 | 52 | 20

Chic color

Swatch

NO. **91** | 16 | 30

NO. **93** | 6 | 21

NO. **91** | 16 | 30

NO. **93** | 21 | 6

63

Chic color

Swatch

knitting

NO. 97 | 22 53 43

NO. 101 | 52 37 3

Crochet

NO. 97 | 22 53 43

NO. 101 | 3 52 37

65

Chic color

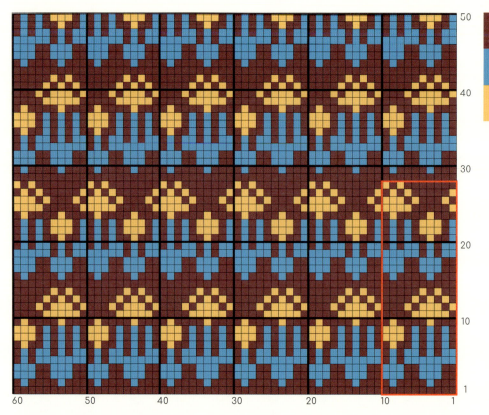

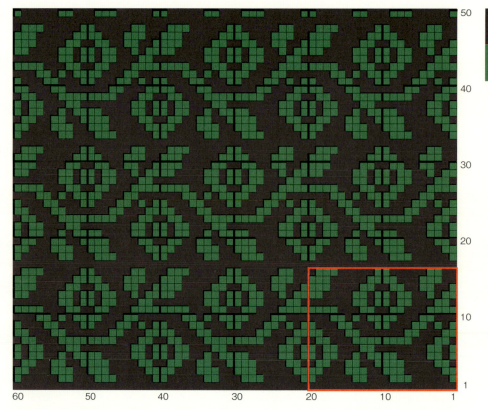

Swatch

NO.
103

 6

 37

 31

NO.
104

 52

 34

Chic color

NO. 105
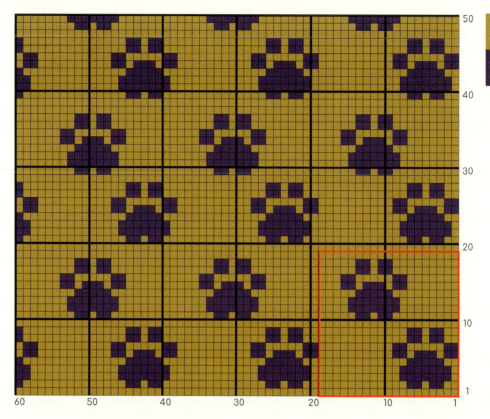

NO. 106
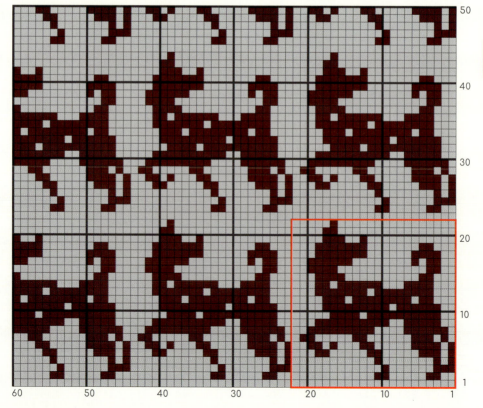

Swatch

NO.
105

NO.
106

Kawaii color
カワイイカラー

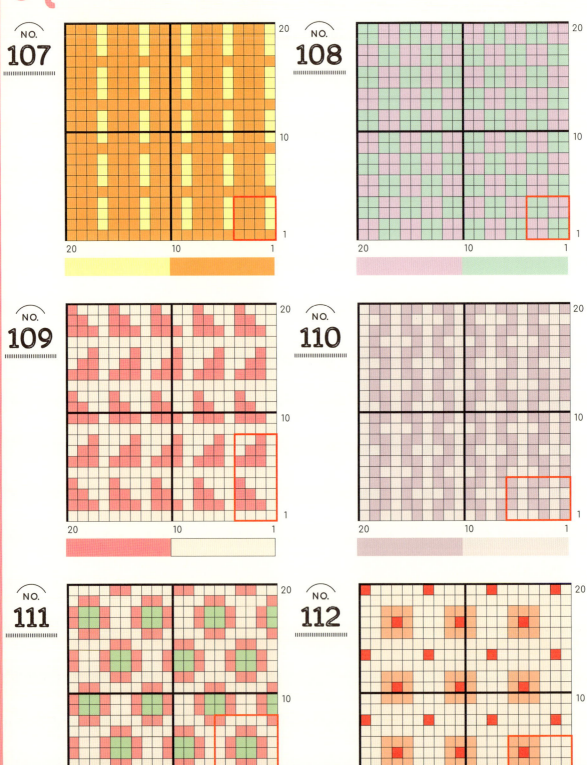

使用糸は全て『ハマナカ アメリー』。白やピンクの明るいトーンの色を組み合わせたウキウキするキュートな配色です。

Swatch

 knitting

 NO. 110 | 42 | 21

 NO. 112 | 20 | 28 | 5

Crochet

 NO. 110 | 42 | 21

 NO. 112 | 28 | 5 | 20

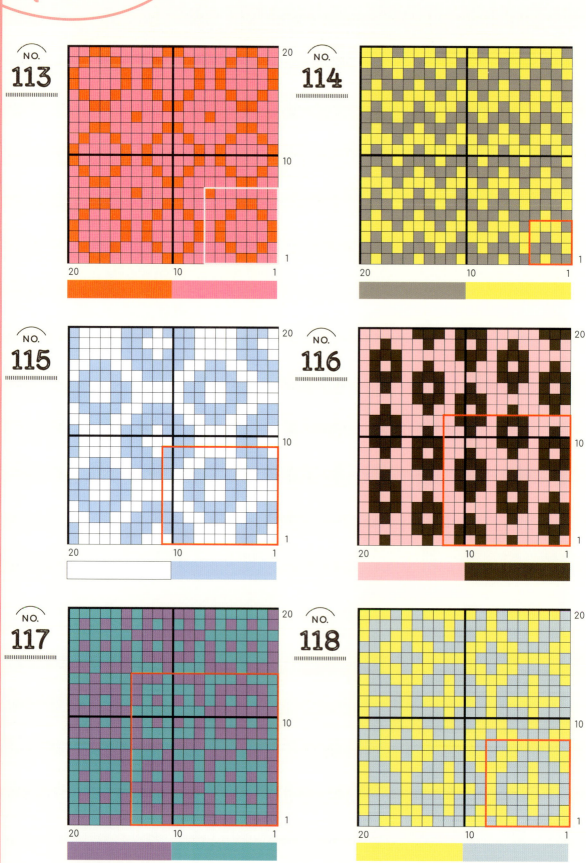

Swatch

knitting

NO. **113** | 7 | 55

NO. **114** | 22 | 25

Crochet

NO. **113** | 55 | 7

NO. **114** | 22 | 25

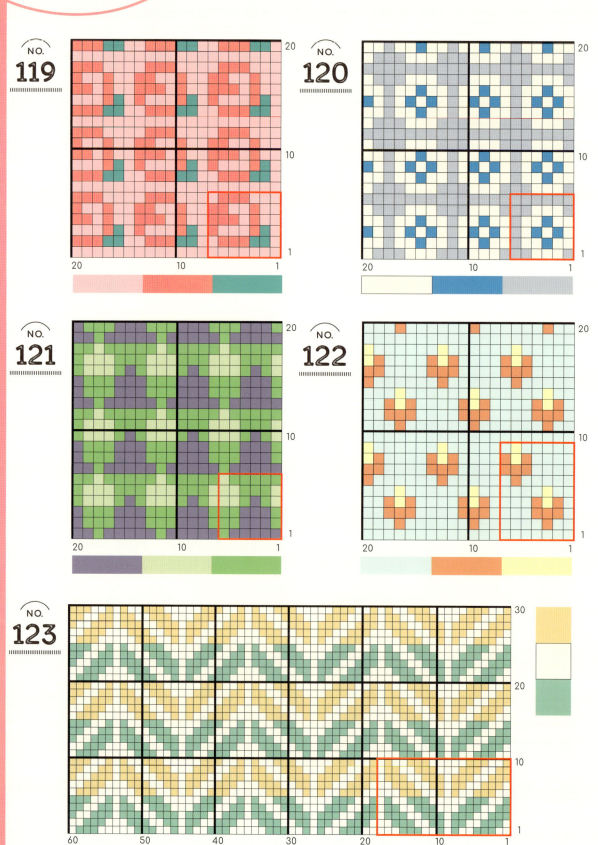

Swatch

NO. **119** | 28 27 54

NO. **120** | 10 21 29

NO. **119** | 27 54 28

NO. **120** | 10 21 29

Kawaii color

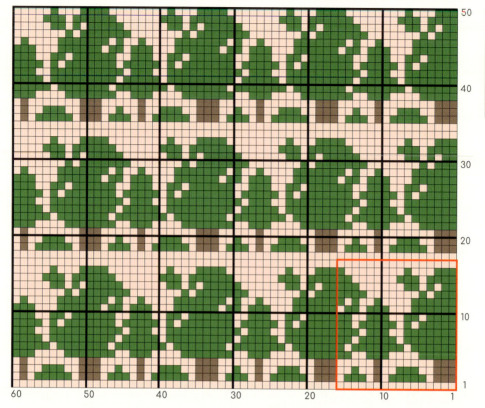

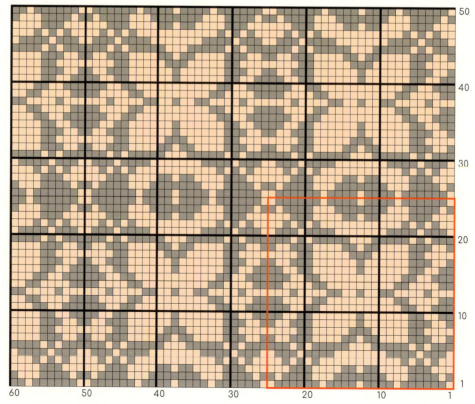

Swatch

 knitting

NO. 124

 28
 34
 49

 Crochet

NO. 125

 49
 21

Kawaii color

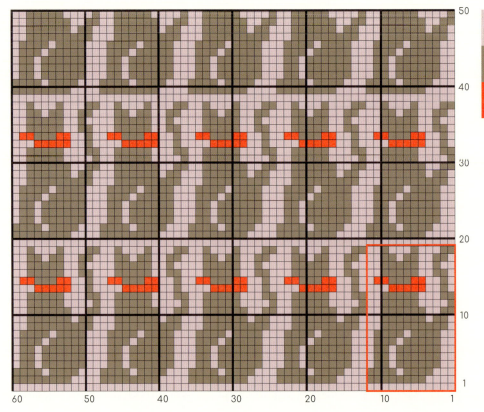

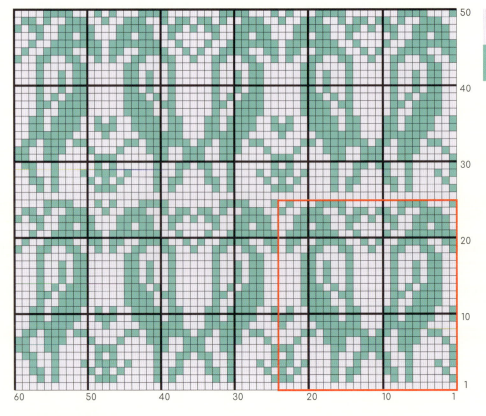

Swatch

Crochet

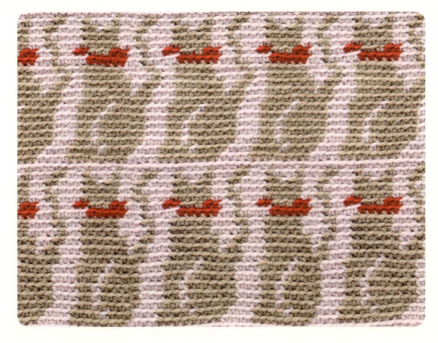

NO.
126

 42

 40

 5

knitting

NO.
127

 42

 29

ITEM 3

2WAY仕様のスヌード

作り方→ P.94

7種類の模様を組み合わせたカラフルなスヌード。
二つ折りにして使えば、2通りの模様を楽しめる作りになっています。

Design：Inko Kotoriyama
Yarn ハマナカ アメリーエフ《合太》

501　529　502　511　524　505　506　508　528　518

NO. 54
NO. 95
NO. 101
NO. 95
NO. 118
NO. 66
NO. 81
NO. 66
NO. 2

かぎ針編み の編み込み

かぎ針編みで編み込みをする場合は、細編みのすじ編みがベースになります。
糸を編みくるみながら編み進めるのが、棒針編みとは違う点です。

▶ 輪の作り目を編む

1

最初の目を作る（この目は作り目に入れない）。

2

必要な数のつくり目（くさり編み）を編む。

3

くさり編みがねじれないように気をつけながら裏山（くさり編みの裏側）を上に向け輪にする。

4

くさり編みの裏山を上にしたところ。

5

最初の目の裏山に針を入れる。

6

糸をかけ、矢印の方向に引き抜く。

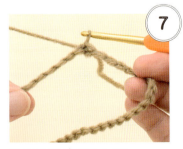

7

輪の作り目ができたところ。

8

立ち上がりのくさり編み1目を編んだら⑤のように裏山を拾い、こま編みを編む。2目め以降も同様に編む。

9

最後までこま編みを編んだら1目めのこま編みの頭に引き抜き編みを編み入れ、1段目が完成。

▶ 2段目：すじ編み

立ち上がりのくさり編みを1目編み、前段のこま編みの頭くさり2本の向こう側を矢印のように拾う。

糸をかけ、こま編みを1目編む。

すじ編みが1目できたところ。

▶ 2段目途中：糸Bを編み込む

こま編みの最後を引き抜く直前で、新しい糸（糸B）を用意する。

糸Bに針をかけ、矢印の方向に引き出す。

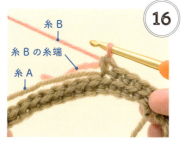

2目め以降も前段の頭くさり2本の向こう側半目を拾い、すじ編みを編む。

糸Bの糸端と糸Aを編み地に沿わせ、⑬同様向こう側の半目を拾い、糸Bをかけて矢印の方向に引き出す。

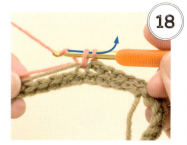

さらに糸をかけ、矢印の方向に引き抜く。

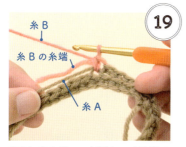

新しい糸に変わったところ。

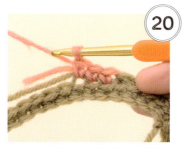

糸Bに変わり、こま編みのすじ編みが1目編めたところ。

編み地の裏側

糸Bでこま編みのすじ編みを編む。

糸Bの糸端と糸Aが編みくるまれている。

83

▶ 糸Cを編み込む

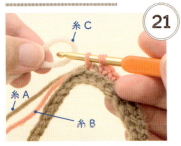

こま編みの最後を引き抜く直前で、新しい糸（糸C）を用意する。

糸A、糸Bを編み地に沿わせ、糸Cに針をかけて矢印の方向に引き出す。

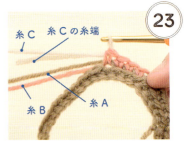

糸Bでこま編みのすじ編みができ、糸Cに変わったところ。

糸A、糸B、糸Cの糸端を編みくるみながら、糸Cでこま編みのすじ編みを編んだところ。

▶ 最初の糸（糸A）に変える

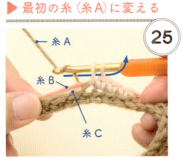

こま編みの最後を引き抜く直前で、編みくるんでいた糸Aに針をかけ、矢印の方向に引き抜く。

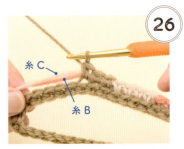

糸Aで糸B、糸Cを編みくるみながらこま編みのすじ編みを編む。

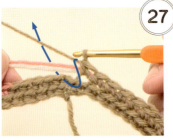

最後までこま編みのすじ編みを編んだら、1日めのこま編みの頭を矢印のように拾う。

▶ 最初から糸を変える場合

糸Bに持ち変える。

▶ 3案目：すじ編み

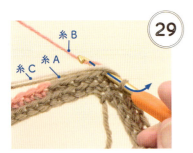

糸Bで矢印のように引き抜いたら2段目が完成。

糸Bで立ち上がりのくさり編みを1目編む。

前段のこま編みの頭くさり2本の向こう側半目を拾い、こま編みを編む。以降、図案を見ながら繰り返す。

棒針編み の編み込み

棒針で編み込みをする場合は、表編みだけで編む輪編みがおすすめです。
基本的に裏地に糸を渡しながら編むので、渡した糸がつっぱらないように気をつけましょう。

▶ 作り目を編む

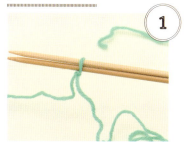

1. わを作り、棒針2本に入れる。

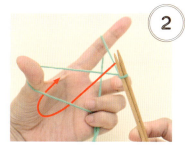

2. 糸端側の糸を親指、糸玉側の糸を人差し指にかける。親指側の手前の糸に下から針を入れる。

3. 矢印のように上から針を入れる。

4. 矢印のように針を通す。

5. 親指の糸をはずす。

6. 糸をはずし、糸を掛け直し引き締めたら作り目の2目めが完成。

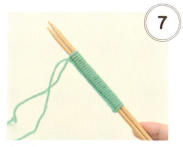

7. ②〜⑥を繰り返し、必要な数の作り目を編む。

8. 作り目ができたら針を1本抜く。

85

▶ 2段目以降：表編み

⑨ 作り目の針を左手に、もう1本を右手に持ち、作り目の1めに針を入れる。

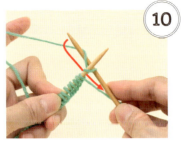

⑩ 針に糸をかける。

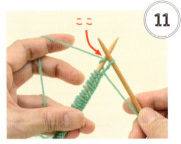

⑪ ⑩の矢印のように作り目の1めに糸を引き出す。

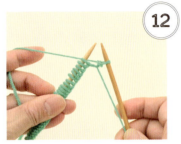

⑫ ⑪の矢印の1めの作り目を針からはずす。

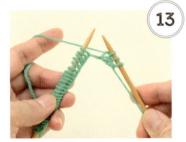

⑬ ⑨〜⑫を繰り返す。

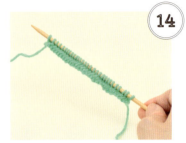

⑭ 表編みが1段編めたところ。

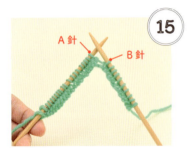

⑮ 棒針4本で輪にして編む場合、作り目（写真では30目）を3等分し、まず2本目のB針に10目分を移す。

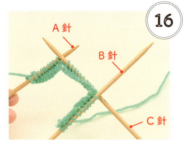

⑯ 続けて3本目のC針に10目分を移す。

⑰ 三角の状態にして輪編みをする。

⑱ 糸端と糸玉の糸が出る1めから矢印のように進んで輪に編む。

⑲ 2色の糸で編む場合、B糸（配色糸）を用意し、表編みをする。

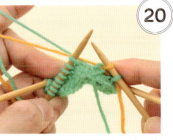

⑳ 2色で編む場合、左手の人差し指に糸2本をかけておく。

糸Aを針にかける。

糸Aで表編みを編んだところ。

糸Bを針にかける。

糸Bで表編みを編んだところ。

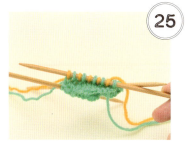
2色の糸で編み込んだところ。

裏側はこのようになる。

覚えておくと便利な「裏編み」

棒針編みの編み込みを往復編みする場合は、表地が表編み、裏地が裏編みになります。またITEM 2で紹介するニット帽の1目ゴム編みは、表編み、裏編みの繰り返し。表編みとセットで覚えておくと棒針編みのバリエーションが広がります。

裏編み

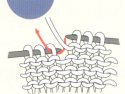

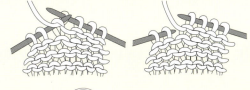

① 糸を手前に置き、右針を左針の目の向こう側から入れる。

② 右針に糸をかけ、矢印のように向こう側に引き出す。

③ 引き出しながら左針からはずす。

87

▶ 糸Cを編み込む

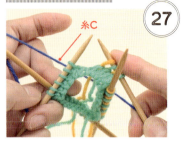

27 3色の糸で編む場合、糸C（配色糸）を用意する。

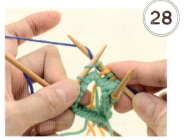

28 ⑲のように糸Cで表編みを編む。

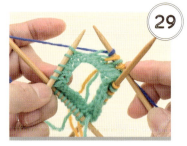

29 糸Cで表編みを編んだところ。

30 3色を編み込む場合は、糸A・Bを左手に、糸Cを右手に持つと編みやすい。

31 糸A・Bは通常の表編みで、糸Cは針を入れたら下から上に糸をかける。

32 ㉛の矢印のように針を引き出し、糸Aを針からはずす

33 糸Cで表編みが編めたところ。

34 3色で編み込んだところ。

35 裏側はこのように糸が渡る。

小さめの「輪針」もおすすめ

短めの棒針が編みにくい場合は、小さめの輪針がおすすめです。靴下用の23cmのミニ輪針から、30cmや40cmのものもあり、編みたい小物のサイズに合わせて選べるので便利です。

88

使用する道具と材料

編み込みのスワッチや作品を作る際に必要な道具と材料を紹介します。

かぎ針

かぎ針編みで使う針。4/0、5/0、6/0号を使用。

棒針

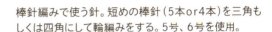

棒針編みで使う針。短めの棒針（5本or4本）を三角もしくは四角にして輪編みをする。5号、6号を使用。

毛糸とじ針

糸端の始末などに使用。針の太さや長さは糸に合わせて選ぶ。

手芸用ハサミ

糸を切るときに使用。針先が細いタイプが使いやすい。

段数マーカー

編み目につけて段数を数えるためのマーカー。編み針に通して使う目数リングとしても代用できる。

メジャー

作品を作るときなど、ゲージや出来上がりサイズを測る際に使用。

毛糸

ハマナカ アメリー
ウール70％、アクリル30％の並太糸。棒針6〜7号、かぎ針5/0〜6/0号に適した編みやすい太さの糸。

リッチモア パーセント
ウール100％の並太糸。かぎ針5/0号、棒針5〜7号に適合。100色ものカラーバリエーションを誇る。

ハマナカ アメリーエフ《合太》
ウール70％、アクリル30％の合太糸。棒針4〜5号、かぎ針4/0号に適したやや細めの糸。作品で使用。

ITEM 1 ネコ模様のトートバッグ
➡ P.36

■糸
ハマナカ アメリー コーンイエロー(31) 80g、
オリーブグリーン(38) 40g、
プラムレッド(32) 30g

■針
かぎ針 6/0号、毛糸とじ針

■ゲージ
こま編みのすじ編み 22目20段=10cm

■使用パターン
NO.21(P.24)

■作り方

*糸は1本取りで編みます

1. くさり編み52目の作り目から108目こま編みを編み入れ、編み図のとおり、こま編みのすじ編みで63段目まで編む。
2. 持ち手を編み図のとおりに2本編み、指定の位置に縫い付ける。

仕上がりサイズ

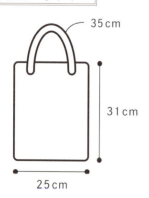
35cm
31cm
25cm

持ち手編み図(2本)

1本め=コーンイエロー
2本め=オリーブグリーン(1～50段目)
　　　プラムレッド(51～80段目)

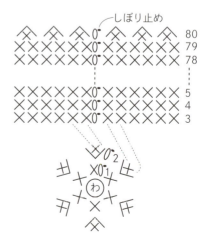

ITEM 2
エスニック風ニット帽
➡ P.58

■ 糸
ハマナカ アメリー セージグリーン(54)30g、
バーミリオン(55)10g、
イエローオーカー(41)10g、
フォレストグリーン(34)10g、
シナモン(50)8g

■ 針
棒針4本(もしくは輪針40cm)5号、毛糸とじ針

■ その他
ハマナカ くるくるボンボン7cm(H204-550)

■ ゲージ
表編み26目26段=10cm

■ 使用パターン
NO.97、NO.100(各 P.64)

■ 作り方
*糸は1本取りで編みます

1. 作り目128目を輪にし、編み図のとおりに模様編みを56段編む。
2. 最終段まで編んだら糸を60cm程度残して切る。糸を毛糸とじ針に通し、最終段の目を拾って絞る。 ※しっかり絞れなくてもボンボンで隠れるので大丈夫
3. くるくるボンボンに54の糸を150回ずつ巻き、ボンボンを1個作る。ハサミでカットして丸く形を整える。
4. ボンボンの絞り糸をニット帽のトップから通し、裏側で結びつける。

仕上がりサイズ
6cm
20cm
55cm

本体編み図

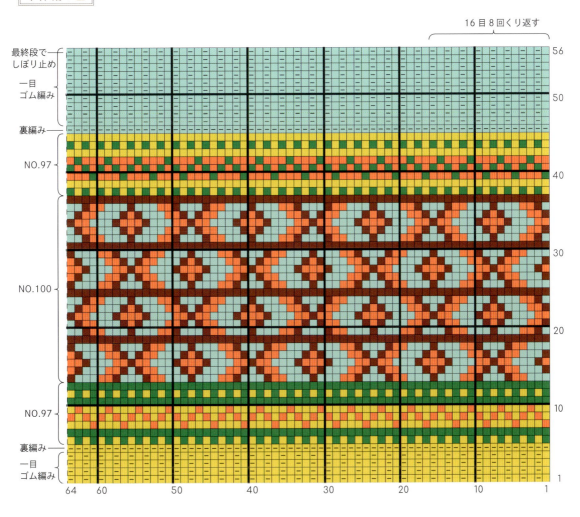

ITEM 3　2WAY仕様のスヌード
➡ P.80

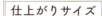

仕上がりサイズ

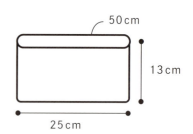

501 529 502 511 524 505 506 508 528 518

■糸
ハマナカ アメリーエフ《合太》白(501) 10g、
赤(508) 10g、水色(528) 10g
オレンジ(506) 5g、ベージュ(529) 15g、
ピンク(505) 10g、緑(518) 5g
薄黄色(502) 10g、紫(511) 10g、
黒(524) 5g

■針
かぎ針 4/0 号、毛糸とじ針

■ゲージ
こま編みのすじ編み25目23段=10cm

■使用パターン
NO.2(P.14)、NO.66(P.48)、
NO.81(P.54)、NO.118(P.72)
NO.95(P.62)、NO.101(P.64)、
NO.54(P.40)

■作り方
*糸は1本取りで編みます

1. くさり編み120目の作り目を輪にし、編み図のとおりこま編みのすじ編みで60段目まで編む。
2. 編み地を外表に折り曲げ、1段目と60段目を合わせてこま編みでとじる。

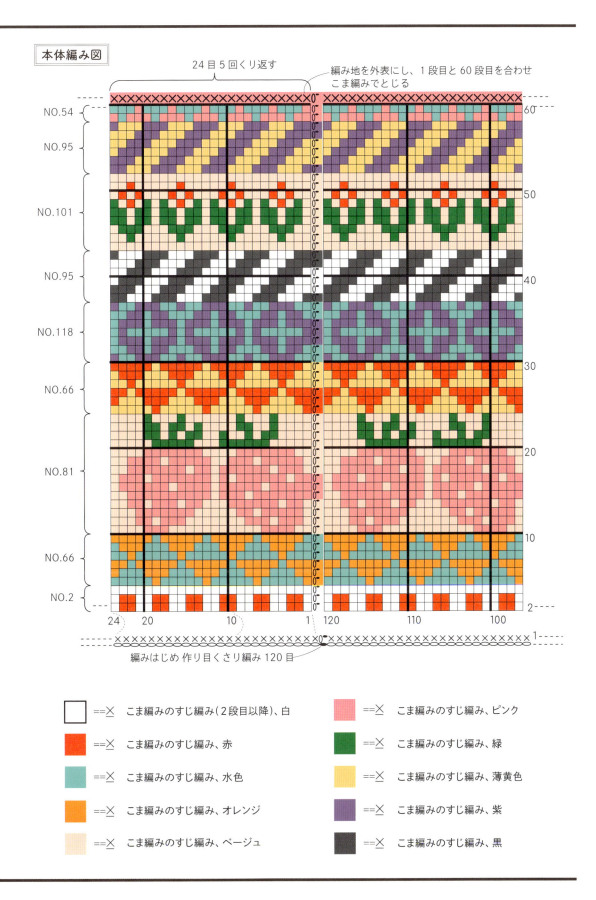

[制作スタッフ]

装丁・デザイン	ザ・ハレーションズ（伊藤智代美）
本文制作	赤松由香里（MdN Design）
監修・制作	小鳥山いん子
編集・制作	ザ・ハレーションズ（武智美恵・伊藤智代美）
スワッチ製作	棒針編み：武智美恵、長尾美恵子、松中 愛
	かぎ針編み：小鳥山いん子、武内みち子、
	扇野真理子、伊藤多実子
編集長	後藤憲司
編集	小村真由

[素材提供]

ハマナカ株式会社
京都市右京区花園薮ノ下町2番地の3
TEL 075-463-5151（代）

ハマナカコーポレートサイト
http://www.hamanaka.co.jp

イメージから選べる
編み込み図案＆配色パターンブック

2024年10月1日　初版第1刷発行

［監修］	小鳥山いん子
［著者］	ザ・ハレーションズ
［発行人］	諸田泰明
［発行］	株式会社エムディエヌコーポレーション
	〒101-0051
	東京都千代田区神田神保町一丁目105番地
	https://books.MdN.co.jp/
［発売］	株式会社インプレス
	〒101-0051
	東京都千代田区神田神保町一丁目105番地
［印刷・製本］	シナノ書籍印刷株式会社

Printed in Japan
©2024 The halations. All rights reserved.

【カスタマーセンター】
造本には万全を期しておりますが、万一、落丁・乱丁などがございましたら、
送料小社負担にてお取り替えいたします。
お手数ですが、カスタマーセンターまでご返送ください。

●落丁・乱丁本などのご返送先
　〒101-0051　東京都千代田区神田神保町一丁目105番地
　株式会社エムディエヌコーポレーション カスタマーセンター
　TEL：03-4334-2915
●書店・販売店のご注文受付
　株式会社インプレス　受注センター
　TEL：048-449-8040　FAX：048-449-8041

ISBN978-4-295-20712-2
C2077

内容に関するお問い合わせ先

株式会社エムディエヌコーポレーション
カスタマーセンター メール窓口

info@MdN.co.jp

本書の内容に関するご質問は、Eメールのみの
受付となります。メールの件名は「イメージか
ら選べる　編み込み図案＆配色パターンブッ
ク　質問係」とお書きください。電話やFAX、
郵便でのご質問にはお答えできません。
ご質問の内容によりましては、しばらくお時間
をいただく場合がございます。また、本書の範
囲を超えるご質問に関しましてはお答えいたし
かねますので、あらかじめご了承ください。